LA

CRISE ÉCONOMIQUE

A LA

CHAMBRE DES DÉPUTÉS

LETTRE A M. LE RÉDACTEUR EN CHEF DE L'*Indépendant* DE PAU

PAR

Frédéric BORDE.

> Notre intelligence doit courber son orgueil
> devant les nécessités sociales. Lorsqu'elle
> s'entête à nier les faits, parce qu'elle ne les
> comprend pas, les faits s'IMPOSENT brutale-
> ment à elle.   MICHEL CHEVALIER.

Prix : 50 centimes.

BRUXELLES

A. MANCEAUX, LIBRAIRE-ÉDITEUR

IMPRIMEUR DE L'UNIVERSITÉ DE BRUXELLES

Rue des-Trois-Têtes, 12 (Montagne de la Cour).

1884

LA

CRISE ÉCONOMIQUE

A LA

CHAMBRE DES DÉPUTÉS

———

LETTRE A M. LE RÉDACTEUR EN CHEF DE L'*Indépendant* DE PAU

PAR

Frédéric **BORDE**.

> Notre intelligence doit courber son orgueil devant les nécessités sociales. Lorsqu'elle s'entête à nier les faits, parce qu'elle ne les comprend pas, les faits s'IMPOSENT brutalement à elle. MICHEL CHEVALIER.

———

(Extrait de la *Philosophie de l'Avenir*, nº 104, mars 1884.)

———

BRUXELLES

A. MANCEAUX, LIBRAIRE-ÉDITEUR

IMPRIMEUR DE L'UNIVERSITÉ DE BRUXELLES

Rue des Trois-Têtes, 12 (Montagne de la Cour).

—

1884

LA CRISE ÉCONOMIQUE

A LA CHAMBRE DES DÉPUTÉS.

LETTRE A M. LE RÉDACTEUR EN CHEF DE L'*Indépendant* DE PAU.

Mon cher confrère,

Pendant la longue discussion qui vient d'avoir lieu à la Chambre, sur la crise économique, vous avez publié, dans l'*Indépendant* de Pau, deux articles sur *la question sociale*. Votre travail est un résumé impartial de ce qui a été dit au Palais Bourbon et à ce titre il mérite une sérieuse attention. Je vais donc l'examiner avec toute l'estime que je professe pour votre caractère ; mais aussi, avec l'absolue franchise que comporte la gravité d'un pareil sujet.

Je me propose d'adopter l'ordre que vous avez observé dans vos deux *lettres parlementaires*, me réservant de résumer la discussion par les trois points suivants : 1° le mal ; 2° sa cause ; 3° son remède.

*
* *

Vous commencez ainsi :

Nous voici au terme de la discussion sur la crise industrielle et commerciale, discussion qui a occupé six séances de la Chambre. Est-ce à dire que ce long et solennel débat ait abouti à une solution ou seulement à quelque chose qui y ressemble ? Nul ne l'espérait quand il s'est ouvert, nul n'a été étonné de son résultat négatif.

La question sociale a été portée à la Chambre par l'agitation faite depuis quelque temps autour des souffrances de l'industrie parisienne. L'esprit de parti, qui ne calcule jamais la portée de ses actes, ou du moins ne la calcule que dans la mesure de ses propres visées, avait indéfiniment grossi la crise actuelle. Les uns y voyaient un tort à faire à la République, les autres un embarras à créer aux hommes du gouvernement. L'opinion en a été émue, et il est certain que les affaires n'ont pas profité de ces clameurs dénonçant leur ruine.

Le fait brutal est celui-ci : il y a des magasins encombrés, il y a des usines qui sont en souffrance, il y a de nombreux ouvriers qui ne trouvent que difficilement à employer leurs bras.

Il y a aussi autre chose. Écoutez J. B. Say, le prince des économistes :

« Il est affligeant de penser, mais il vrai de dire qu'une partie de la population périt tous les ans de besoin, même au sein des nations les plus prospères. »

Écoutez Thiers :

« Il y a en France deux millions de familles qui ont à peine le nécessaire et souvent même en sont privées. »

Écoutez Michel Chevalier :

« Il y a en France vingt-cinq millions de prolétaires agricoles, sans compter les prolétaires de l'industrie. »

« Je pose en fait qu'il existe une moitié du peuple français dont l'alimentation n'est pas suffisante au point de vue de l'hygiène. »

*
**

Vous continuez :

Le fait est-il récent, est-il nouveau? Le mal est-il énorme, intolérable et inexplicable? Est-ce la faute du régime? Est-ce la faute du gouvernement?

Je vais répondre à vos questions.

1° Le fait n'est pas nouveau, puisqu'il date du jour où le sol a été aliéné à quelques uns au détriment de tous. Et ce fait ne date certainement pas d'aujourd'hui.

2° Le mal est énorme, car d'après les statistiques établies par le docteur Bertillon, il meurt annuellement en France, tuées par la misère, 97,000 personnes, c'est-à-dire, trois fois plus de monde qu'il n'en est tombé sur les champs de bataille de Gravelotte et de Champigny. Oui, le mal est énorme, puisque, d'après le docteur Villermé, sur 21,000 enfants nouveau-nés, 20,700 meurent avant d'avoir atteint l'âge de cinq ans ; oui le mal est énorme, puisque d'après M. Martin Nadaud, dans son rapport sur les *logements insalubres*, douze millions de Français sont logés dans des bouges manquant d'air et de lumière ; oui, encore une fois et mille fois, le mal est énorme, puisque d'après le docteur Du Mesnil, il faudrait que le prolétaire fût doué d'héroïsme « pour ne pas contracter, dans ces bouges, la haine de la société qui les tolère ».

3° La situation actuelle est vraiment intolérable et la preuve, c'est que les prolétaires protestent de tous les côtés, contre l'état de choses dont ils souffrent.

4° La cause du mal est tout ce qu'il y a de moins inexplicable. Elle provient de l'ignorance sociale sur la réalité du droit, c'est-à-dire de ce que la société ne sait pas s'il y a un autre droit que la force. Or, la domination de la force, classe nécessairement la société en deux camps bien tranchés : les riches et les pauvres, les exploiteurs et les exploités. « Toutes les lois, avoue Necker, ont été faites par les propriétaires. » Aussi les prolétaires peuvent-ils tenir ce langage : « que nous font vos lois de propriétés ? nous ne possédons rien ; vos lois de justice ? nous n'avons rien à défendre ; vos lois de liberté ? si nous ne travaillons pas demain, nous mourrons ». De son côté, le comte Chaptal reconnaît « que les lois ne sont pour lui (le prolétaire) qu'un mode d'oppression ».

Enfin, Sismondi écrit : « La plus grande partie des frais de l'établissement social est destinée à défendre les riches contre les pauvres. » Il n'y a donc pas, je le répète, d'autre droit que celui de la force. Or, quel est le fait matériel qui donne naissance au classement de la société en riches et en pauvres ? — La propriété individuelle foncière. — En effet, toute richesse provient du travail sur le sol, directement ou indirectement. Dès lors, celui qui n'a pas de sol ou de ce qui provient du travail sur le sol, est obligé pour vivre d'offrir ses bras à celui qui a du sol ou des capitaux. C'est tellement évident qu'une foule d'écrivains en Europe et en Amérique, en conviennent. Je citerai parmi les plus récents : MM. Herbert Spencer, Émile De Laveleye, Henry Georges, Alfred Russel Wallace, Fauconnier, Edgar Baron, etc.

Je demande la permission de citer ici MM. Herbert Spencer et Émile De Laveleye.

Voici ce que dit M. Herbert Spencer :

« La justice n'admet pas la propriété (individuelle) appliquée au sol, — car si une partie du sol peut être possédée par un individu, qui la retient pour son usage seul, comme une chose sur laquelle il exerce un droit exclusif, d'autres parties de la terre peuvent être occupées au même titre, et ainsi toute la surface de notre planète tomberait entre les mains de certains individus, — voici alors le dilemme auquel on arrive. Si toute la superficie habitable du globe devient la propriété exclusive de certaines familles, ceux qui ne sont pas propriétaires n'ont aucun droit à occuper une place sur la terre. Ceux-là donc n'existent que par tolérance ou sont tous usurpateurs ; c'est seulement avec la permission des seigneurs de la terre qu'ils trouvent une place où poser le pied. Si même les maîtres du sol veulent leur refuser cette place, ces hommes sans terre peuvent être expulsés définitivement de ce monde. Si l'on admet que la terre peut être l'objet d'une propriété exclusive, il s'ensuit que le globe entier peut devenir le domaine privé de quelques individus ; et en ce cas, tous les autres ne pourraient exercer leurs facultés, et même exister qu'avec le consentement des propriétaires. Il est donc manifeste que *la propriété exclusive du sol viole le principe de la liberté égale pour tous*, car des hommes qui ne vivent et n'existent que par permission d'autrui ne

sont pas des êtres libres comme leurs suzerains. Ni la mise
en culture ni même le partage égal du sol ne peuvent faire
naître un droit absolu et exclusif : car poussé à ses limites
extrêmes, un pareil droit engendre le despotisme complet
des propriétaires; à chaque instant les lois votées par le
Parlement sont la négation d'un semblable droit. Enfin, la
théorie du droit collectif d'hérédité foncière reconnu à tout
homme, est conforme au développement *du plus haut degré
de civilisation*, et quelque difficile qu'il soit de faire passer
cette théorie dans les faits, *l'équité commande rigoureusement
que cela s'accomplisse.* »

Voici ce que dit M. Émile De Laveleye :

« En détruisant au lieu d'améliorer dans son exercice, le
droit collectif auquel l'ancien régime avait encore conservé
une place importante, les juristes et les économistes modernes
ont jeté *de leurs propres mains, dans le sol bouleversé de nos
sociétés, les semences du socialisme révolutionnaire et violent.* »

Ainsi la propriété individuelle foncière implique pour le
grand nombre, pour ceux qui ne sont pas propriétaires :
l'esclavage, la misère et la révolution.

Maintenant, il est non moins évident que, du moment où
le sol est aliéné à quelques-uns, toutes les découvertes en
chimie, en mécanique, etc., propres au développement de
l'industrie, tombent dans le domaine du capital et sont mo-
nopolisées par les détenteurs du capital.

La concurrence s'établit d'abord entre les individus, puis
entre les provinces, puis entre les nations; au fur et à mesure
de l'extension du marché. C'est donc en définitive la nation
la mieux outillée qui écrase sa rivale; c'est toujours le droit
de la force, et dans l'espèce c'est la concurrence allemande
qui écrase la concurrence française. Voici en effet ce que
nous apprend M. Bertrand, président de la Chambre syndicale des patrons charpentiers, parlant devant la commission d'enquête : « On peut faire arriver à Paris de la char-
pente, façonnée en Allemagne, au même prix que le bois brut

pris en France. Le bois brut en Allemagne coûte fr. 12.50;
en France, 50 ou 60 fr. Un ouvrier gagne en Allemagne 2.50
par jour; en France, 8. »

5° Est-ce la faute du régime actuel? — Non. En Europe
comme en Amérique, dans les monarchies absolues ou cons-
titutionnelles, au sein des républiques modérées ou radicales,
en Russie, en Autriche, en Espagne, en Italie, en Suisse, en
France, aux États-Unis, partout, vous entendez des protes-
tations violentes, des cris de révolte, des appels aux armes.
Il faudrait donc dire avec le prince de Metternich : « Il n'y
a plus de questions politiques; il n'y a que des questions
sociales; les questions sociales sont l'objet de toute mon
attention ».

*
* *

Je continue l'examen de votre *lettre parlementaire*.

La discussion de la Chambre nous donne au moins la lumière sur
ces questions, si elle ne nous donne pas un remède immédiat aux
maux qu'on signale. Qu'a-t-on dit en somme?

Comment! la discussion de la Chambre nous a fait connaître la cause du mal? Voyons cela.

Est-ce M. Langlois, préconisant le mutuellisme, qui a dé-
couvert cette cause? — Non.

Est-ce M. Baudry d'Asson, proposant le retour à la mo-
narchie et le vote d'une somme de vingt millions pour être
distribuée aux prolétaires? — Non.

Est-ce M. Lechevallier, se plaignant du libre-échange et
demandant le retour au régime protecteur? — Non.

Est-ce M. de Roys qui trouve que l'agriculture souffre
plus que l'industrie; ou M. Martin Nadaud qui trouve au
contraire que l'industrie souffre plus que l'agriculture? —
Non encore.

Est-ce M. Haentjens, avec sa prétendue réduction de l'impôt sur les tabacs et les boissons? — Pas davantage.

Est-ce M. Brousse, de l'extrême gauche, qui ne trouve

rien du tout, et qui déclare même que tout son groupe n'en sait pas plus que lui? — Pas davantage.

Est-ce l'extrême droite, dans la personne de M. de Mun, réclamant la protection de l'Église et le retour aux corporations? — Non, mille fois.

Nous pourrions ainsi parcourir toute la liste des orateurs qui se sont fait entendre sur la crise économique, sans être plus satisfait.

En réalité, la Chambre des Députés, sans en excepter M. Jules Ferry, n'a prouvé qu'une chose : sa profonde ignorance en économie sociale. Donc, ce qu'il y avait d'abord à faire en pareil cas, c'était de déclarer son ignorance et cette ignorance devait être avouée *officiellement* dans l'ordre du jour.

Il y a deux ans, en semblable circonstance, le prince de Bismarck n'a pas craint de déclarer en plein Reichstag :

« Le gouvernement ne sait rien et veut s'instruire. Quiconque ne sait rien *et sait qu'il ne sait rien*, VA PLUS LOIN que celui qui ne sait rien, et *ne sait même pas qu'il ne sait rien*. Nous savons, nous, que nous ne savons rien. »

Voilà des paroles admirables et qui devraient être gravées en lettres de fer au-dessus de toutes les tribunes parlementaires de l'Europe.

Il est certain que le premier pas à faire pour arriver à la solution du problème social serait de reconnaître son ignorance. Est-ce ainsi que procède le Parlement? Non, écoutez ces messieurs et ils vous diront implicitement ou explicitement ce que nous trouvons dans l'*Indépendant*.

Il ne faut pas, à l'époque où nous sommes, que la déclamation creuse soulève les passions populaires; il ne faut pas leurrer les populations avec de grands mots, laisser croire qu'il y a une question sociale qui s'impose, qu'on doit résoudre et qu'on peut résoudre.

Le corps social est comme le corps humain, il a ses maux et ses accidents. La science arrive peu à peu à en conjurer quelques-uns, à en guérir quelques autres. On parvient ainsi à améliorer le sort des êtres, comme à accroître la durée moyenne de la vie. On ne parviendra jamais à la perfection de l'être social, pas plus qu'à l'invulnérabilité et à l'immortalité de l'être humain.

Si la déclaration de M. de Bismarck, que nous avons citée plus haut, est un aveu d'ignorance *modeste*, qui signifie : « Je ne sais pas, mais je vais étudier » ; ce que vous venez d'écrire est, — permettez-moi de vous le dire franchement, mon cher confrère, — de l'ignorance *vaniteuse* et rien de moins. Cela signifie : « Je ne sais pas, et ce que je ne sais pas, *il est impossible de le savoir*. »

Il est à remarquer que toutes les découvertes, dont l'humanité s'honore, ont été niées, que tous les inventeurs ont été conspués, vilipendés. Que de choses déclarées utopiques sont devenues les réalités du lendemain ! On ne peut y songer sans se rappeler ces beaux vers de Victor Hugo :

> Harvey mourra moqué de tous les médicastres ;
> King raillera Keppler ; et tous les culs-de-plomb,
> Ferreront cet oiseau de l'océan, Colomb.

Il en est de même du socialisme que Thiers, dans son dernier manifeste électoral de 1877, déclarait mort et enterré. Or, il se rencontre que sept ans plus tard, en 1884, le socialisme est plus vivant que jamais. Voyez donc comme il faut prendre au sérieux les allégations de cet homme d'État qui, dans une autre circonstance, s'était tant moqué des chemins de fer !

*
* *

Existe-t-il une question sociale? — Oui, et nous allons essayer de le montrer, clairement, simplement et en peu de mots.

Quel est le premier besoin d'une société?

C'est de vivre.

Comment est-il possible de vivre socialement? Est-ce par l'ordre ou est-ce par le désordre?

C'est par l'ordre.

Il y a ordre basé sur la *force* et ordre basé sur la *raison*.

Mais tant qu'on ne sait pas ce qu'est la raison, si elle existe en réalité et plus qu'en apparence, il est évident que l'ordre, pour exister et persister, ne peut qu'être basé sur la force.

Parcourez l'histoire de toutes les sociétés et partout vous verrez, *sans l'ombre d'une exception*, l'ordre basé primitivement :

1° Sur une hypothèse religieuse tenue pour vérité ;

2° Sur l'aliénation du sol ;

3° Sur une inquisition empêchant l'examen de l'hypothèse.

En moins de mots, l'ordre est d'abord basé sur la compression de l'examen.

Mais quand il n'est plus possible de comprimer l'examen, comme *cela existe aujourd'hui;* il faut, ÉCOUTEZ BIEN CECI, il faut découvrir une base d'ordre rationnellement incontestable ou la société doit MOURIR AU SEIN DE L'ANARCHIE.

Eh bien, c'est la *nécessité* de l'ordre pour conserver la vie à la société ; et c'est en même temps *l'impossibilité* d'en avoir avec l'organisation sociale actuelle, qui constitue ce redoutable problème de notre époque qu'on appelle la question sociale.

Nécessité et impossibilité ! C'est un cercle vicieux, un cercle de fer, dans lequel vous serez broyés, messieurs les députés, à moins que vous ne sachiez en sortir au plus tôt. Mais le saurez-vous ?

De ce que nous venons d'établir, il résulte :

1° Qu'il n'y a pas *des* questions sociales, mais une question sociale, exclusivement UNE ;

2° Que la question sociale est identique à la question de l'existence de l'ordre ;

3° Que cette question d'ordre social prime toutes les autres; et que par conséquent les questions politiques sont infiniment secondaires.

*
* *

Reprenons notre examen.

Réformez l'assiette de l'impôt, trouvez une répartition plus équitable, arrivez le plus possible à l'exacte proportionnalité, qui est l'idéal poursuivi; faites ainsi que le faible ne soit chargé que dans la mesure de sa faiblesse, tandis que le fort aura à supporter un fardeau proportionné à sa vigueur, et vous aurez réalisé un premier bienfait au profit des masses que le sort déshérite. Mais ce n'est pas un mince problème à résoudre. Il y a cent ans qu'on y travaille, depuis que la Révolution a établi la première et grande réforme de l'égalité devant l'impôt. La Chambre actuelle est saisie de vingt projets où il y a plus de bonnes intentions que de solutions acceptables. Néanmoins il y a ça et là de bonnes idées à saisir, à grouper, et par suite un mieux à atteindre. On y parviendra.

Perfectionnez d'autre part les institutions de prévoyance et d'assistance, les sociétés de secours mutuels, les caisses de retraite. Une loi dont on attend de bons effets est déjà adoptée pour les sociétés de secours mutuels. Achevez l'étude des caisses de retraite, des invalides du travail, des accidents du travail; vous améliorerez d'autant le sort des travailleurs de tout ordre.

L'isolement de l'ouvrier dans la vie sociale est un mal dont on a constaté les fâcheux résultats. Dans la lutte inévitable entre le capital et le travail les armes ne furent jamais égales. Le législateur a songé à renforcer le faible et il y sera peut-être parvenu, si tout le bien qu'on espère des syndicats professionnels devient une réalité.

Voilà autant de façons diverses de résoudre les questions sociales.

Nous nions carrément :

1° Qu'il soit possible de remanier l'assiette de l'impôt en conservant l'organisation actuelle de la propriété, basée sur l'aliénation du sol.

2° Que la Révolution ait établi l'égalité devant l'impôt.

De plus, nous affirmons que les institutions de prévoyance telles que sociétés coopératives, caisses de retraite, participation aux bénéfices, etc., loin d'atténuer le mal en quoi que ce soit, *ne font que* l'augmenter.

Mais loin de ressembler à nos adversaires qui nient et qui affirment à tort et à travers sans donner aucune preuve, nous allons démontrer :

1° Nous avons vu que l'aliénation du sol a pour résultat

de diviser la société en deux camps : les riches et les pauvres, les exploiteurs et les exploités. Il est bien certain, nous le répéterons mille fois, que celui qui n'a ni sol, ni capital, est obligé pour vivre d'aller offrir ses bras à celui qui a le sol ou le capital. Or, le capital provient du travail sur le sol. Donc la subordination du travail provient de l'aliénation du sol. Voilà qui est bref et parfaitement clair.

Mais si le travail est esclave, qui est libre ? — La richesse évidemment. Dès lors tout impôt que vous placez sur la richesse est immédiatement rejeté sur le travail. Essayez donc alors de réformer l'assiette de l'impôt !

2° La Révolution a établi l'égalité devant l'impôt. Voyons cela.

Nous savons que l'impôt est toujours rejeté sur le travail. Entrons dans quelques développements.

L'impôt que vous placez sur la propriété foncière se répercute successivement sur une foule d'intermédiaires : fermiers, convoyeurs, placiers, commissionnaires, marchands, etc.; et comme il faut bien que cette répercussion s'arrête quelque part, c'est en dernière analyse la consommation que l'impôt vient frapper.

« Par l'impôt foncier, a dit Thiers, vous faites renchérir le pain et la viande du peuple. »

L'impôt que vous placez sur la richesse mobilière est également rejeté sur le consommateur.

« Ne pensez pas faire contribuer les marchands à l'impôt, a dit Franklin, ils mettent l'impôt dans la facture. »

Et Émile de Girardin est absolument de cet avis, lorsqu'il dit :

« Que l'impôt soit direct ou indirect, perçu à sa source ou à son embouchure, sur la production ou sur la consommation, tout impôt *grève le travail.* »

Ainsi la richesse ne paye pas un centime, c'est le travail qui supporte *tout le poids de l'impôt.*

Ici, il importe de faire une remarque essentielle ; sans elle, en effet, la démonstration qui précède, bien qu'incontestable, pourrait présenter quelques difficultés par suite de sa forme trop elliptique. Cette remarque la voici :

La richesse ne paye rien, c'est entendu.

— Mais les détenteurs de la richesse?

— Les détenteurs de la richesse, tels que banquiers, manufacturiers, armateurs, avocats, médecins, etc., sont, — n'en déplaise à messieurs les prétendus socialistes, — des travailleurs tout comme les menuisiers, les forgerons, les paveurs, etc.

— Ils payent donc l'impôt?

— Oui et non ; oui en apparence, non en réalité.

— M. de Rothschild mange, boit, se vêtit, en un mot consomme. Il paye donc l'impôt sur tout ce qu'il consomme et même d'autant qu'il consomme beaucoup. Il fait plus, il porte de l'argent à la caisse du percepteur pour ses impôts fonciers, sa cote personnelle, ses patentes, etc. Mais ce même M. de Rothschild gagne dix-neuf millions en un jour, comme cela a eu lieu, paraît-il, lors de l'emprunt pour la libération du territoire. Ce que M. de Rothschild donne de la main droite, il le retire de la main gauche. Il avance l'impôt, il le paye en *apparence*, en réalité il ne paye rien.

Thomas Vireloque, au contraire, ne porte pas un sou à la caisse du percepteur par la raison toute simple qu'il est prolétaire. Mais ce qu'il achète pour manger est grevé d'une foule d'impôts dont la totalité absorbe la plus grande partie de son salaire. Or, ce prolétaire ne peut se rattraper sur rien, puisqu'il n'a rien. Le pauvre Thomas Vireloque s'arrache donc tout des deux mains. En apparence il ne paye rien, en *réalité*, son salaire y passe presqu'en entier.

Ce que nous venons de montrer par ces deux exemples peut encore se formuler en une loi qui ne souffre pas d'exception. Cette loi, la voici : *L'impôt frappe les citoyens en raison inverse de leur richesse et en raison directe de leur pauvreté.* Plus on est riche, moins on paye ; plus on est pauvre, plus on paye.

En effet, chacun étant obligé de manger, de boire, de se vêtir, etc., la somme totale des impôts payés par chacun peut être ramenée à un impôt de capitation. Supposons que cet impôt soit de cent francs par tête. Celui qui a un revenu de 30,000 francs payera 1/300 de son revenu; celui qui a 3,000 francs payera 1/30, et celui qui a 300 francs payera 1/3. Et voilà comment la Révolution a établi l'égalité devant l'impôt!

Passons aux prétendus remèdes dont on nous rebat les oreilles depuis cinquante ans.

*
* *

Nous avons prouvé :

1° Que l'aliénation du sol entraîne l'esclavage du travail ;

2° Que par suite de l'aliénation du sol, l'impôt, de quelque manière qu'il soit perçu, est nécessairement rejeté sur le travail.

Dès lors, en quoi vos caisses d'épargne, vos sociétés coopératives, vos caisses de retraite, etc., empêcheront-elles le travail d'être esclave et de supporter tout le poids de l'impôt?

Mais il y a plus : non seulement les palliatifs que vous préconisez ne peuvent améliorer la situation des travailleurs, mais j'affirme qu'ils augmentent le paupérisme.

En effet, les sociétés coopératives, caisses d'épargne, caisses de retraite, etc., peuvent être considérées comme appartenant à une même catégorie : *l'épargne*. Mais qu'est-ce qu'épargner? — C'est diminuer la consommation.

Et qu'est-ce que diminuer la consommation? — C'est encombrer la production. De là, fermeture des ateliers et chômage des ouvriers.

Supposons que toute la population de Paris consomme la moitié moins de vêtements et voilà la moitié des ouvriers tailleurs sur le pavé; supposons que toutes les dames renoncent à la toilette et s'habillent le plus simplement possible et voilà une grande partie des modistes et des couturières sur le pavé ; supposons que tous les ouvriers se privent de fumer, qu'en résultera-t-il ? 1° Tout ce monde qui vit de l'industrie du tabac sera sur le pavé ; 2° Tout ce monde obligé de vivre se présentera dans d'autres industries, offrira ses bras et fera baisser les salaires ; 3° De telle sorte, que par suite de cette baisse de salaire, les ouvriers seront obligés de s'imposer de nouvelles privations, s'ils veulent encore épargner. Tout cela est tellement évident que je crois inutile d'insister.

*
* *

Passons, mon cher confrère, à l'examen de votre dernière lettre. Vous débutez par des coups d'encensoir à M. Jules Ferry.

Le discours de M. Jules Ferry a produit sur la Chambre une impression profonde, et a valu à l'orateur du gouvernement une double ovation, dans les deux séances de mardi et de jeudi.

Seul il a abordé la question par son côté vrai. Il n'a pas nié la crise ; mais il l'a définie, et il l'a délimitée comme elle devait l'être ; et il a porté à la tribune non point des phrases déclamatoires, mais des précisions et des chiffres. Il a fait ce qu'un homme d'État doit faire, présenter la question sous son véritable aspect, sans optimisme officiel, mais aussi sans crainte de dénoncer le pessimisme de l'esprit de parti. Oui, il a dénoncé l'esprit de parti, et il a eu raison. La discussion vide et oiseuse à laquelle venaient de se livrer tant d'opposants, justifiait amplement son accusation contre l'esprit de parti, tout comme les détails qu'il a fournis ont justifié ses affirmations rassurantes.

La crise est locale et essentiellement parisienne, et elle n'est pas aussi grave que le prétendent les démagogues et les royalistes.

M. Jules Ferry est un grand homme, c'est entendu. Mais M. Spuller, qui fut le bras droit de Gambetta, a bien aussi quelque valeur. Or, au moment où j'écris, M. Spuller qui vient d'être nommé président de la commission d'enquête de quarante-quatre membres constituée sur la proposition de M. Clémenceau ; M. Spuller, dis-je, vient de prononcer un discours dans lequel il déclare que l'enquête doit porter, non seulement sur Paris, mais aussi sur les départements et qu'il convient même de s'enquérir de ce qui se passe à l'étranger : « l'enquête, ajoute le président de la commission, doit se faire dans un esprit profondément socialiste. » Qui a raison de M. Ferry ou de M. Spuller? C'est ce que nous saurons sous peu.

La preuve que la crise s'étend au-delà de Paris et même de la France, ce sont ces paroles prononcées par M. Gladstone, à la Chambre des Communes, à deux reprises différentes, il y a déjà longtemps.

« Un des tristes côtés de notre ordre social, c'est que l'augmentation continuelle des richesses, dans les classes supérieures, ainsi que l'accumulation du capital, est accompagnée d'une *diminution dans la possibilité de consommer chez le peuple*, et de plus de privations et de souffrances chez les pauvres. »

Qu'en dites-vous, M. Frédéric Passy et vous tous messieurs les progressistes ?

Dans une autre circonstance, le célèbre homme d'État anglais disait encore :

« De 1842 à 1853, les recettes de l'impôt sur le revenu se sont accrus de 6 p. c. en Angleterre, et de 1853 à 1861, de 20 p. c. Il est étonnant, mais il est vrai néanmoins, que ce prodigieux accroissement de richesse *profite seulement* aux classes aisées. »

Qu'en pensent les pontifes de l'opportunisme qui noircissent tant de papier au *Voltaire* et à la *République française*, pour préconiser l'impôt sur le revenu?

Mais continuons.

Il y a en effet deux thermomètres de la misère : le Mont-de-Piété et l'Assistance publique. Or, il résulte des relevés officiels que le Mont-de-Piété présente pour l'année 1883, un total de sommes prêtées qui ne diffère pas sensiblement de celui de 1882 ; et mieux encore, que les dégagements ont été plus considérables en 1883 qu'en 1882.

Il résulte aussi des relevés officiels des bureaux de bienfaisance, qu'il n'y a eu ni en 1883, ni au commencement de 1884, une augmentation du nombre des inscriptions par rapport à 1882.

Où donc est le prétexte à tant de clameurs?

Mais ces relevés ne suffisent pas absolument, parce que tous ceux qui souffrent de la crise ne vont au mont-de-piété, ou au bureau de bienfaisance qu'après avoir épuisé leurs épargnes. Il faut savoir, par d'autres précisions, ce qu'il y a de souffrances réelles dans l'industrie parisienne.

La fin de ce passage est en contradiction avec le commencement. Voici d'ailleurs, en ce qui concerne le Mont-de-Piété, des réflexions fort judicieuses. Elles sont extraites du journal *le Prolétaire,* n° du 2 février. C'est l'organe des ouvriers. Cet article est signé *André-Gély.*

« Au fait, y a-t-il une crise?

» Ferry-Famine en doute, et dame! après un tel témoignage, il est permis d'en douter, d'autant plus que c'est avec des chiffres qu'il a essayé d'en démontrer la non-existence.

» Examinons.

» Il a dit que les engagements au Mont-de-Piété en 1883, n'avaient pas été supérieurs à ceux de 1882. Voilà un argument qui, pour émaner d'un premier ministre, n'a pas le don de nous convaincre; car enfin, si on a tout engagé en 1882, il reste bien peu pour engager en 1883, et nous connaissons plus d'un travailleur qui, s'il avait eu un objet d'une valeur quelconque, serait certainement retourné « voir sa tante » pendant cet hiver.

» Mais ce qui a ravi les sous-vétérinaires de la Chambre, c'est d'apprendre qu'au lieu de vivre dans une situation difficile, pour le travail surtout, comme d'aucuns le disent, nous traverserions, nous les travailleurs, une ère prospère, et ce qui le prouve, toujours d'après le même Ferry, c'est que le chiffre des dégagements au Mont-de-Piété a excédé en 1883 celui de 1882. Quelle grandeur de vue! quelle profondeur de conception! quel génie que ce Ferry! Je dois avouer pourtant que cette admiration a sa source dans mon ignorance; et l'on ne trouvera pas étonnant que moi, qui n'ai appris l'économie sociale qu'en poussant la varlope sur des planches, je m'incline devant ce savant économiste d'une incommensurable envergure. Mais pourtant je me permettrai une réflexion : si les malheureux, que la misère oblige à tout porter au Mont-de-Piété, toujours aiguillonnés par la faim, et faisant argent de tout, vendent leurs reconnaissances à des brocanteurs, toujours prêts à spéculer sur la misère des pauvres, qui dégagent les objets, cela prouve-t-il la richesse des travailleurs?

» La misère étant plus grande, un plus grand nombre de meurt-de-faim se sont vu obligés d'user leurs dernières ressources, et de vendre les reconnaissances des objets qu'ils espéraient dégager prochainement, et conséquemment les brocanteurs en ont acheté et dégagé un plus grand nombre.

» Ce signe de prospérité, pour M. Ferry, ne serait donc que la preuve d'une plus grande misère.

» Et voilà pourtant avec quoi on espère rassasier les affamés, et leur prouver que tout va pour le mieux dans le meilleur des mondes.

» Il faut espérer que les travailleurs auront cette fois une indigestion... des discours kilométriques de nos honorables, et qu'ils comprendront que, n'ayant plus rien à attendre de la bourgeoisie, ils doivent se constituer en Parti de classe, pour opérer eux-mêmes leur émancipation. »

Et c'est ainsi qu'en niant l'étendue et la gravité du mal, on s'expose à des tentatives révolutionnaires.

Il existe d'ailleurs un thermomètre de la misère des masses autrement significatif que le Mont-de-Piété. Nous voulons parler de l'augmentation toujours croissante de la dette publique. En effet, l'intérêt de la dette est payé par l'impôt et nous avons montré que l'impôt pèse exclusivement sur le travail. Donc, plus la dette augmente et plus le travail est écrasé. Et elle augmente cette dette! A vue d'œil, pourrait-on dire, et dans des proportions véritablement fabuleuses.

On vient encore d'emprunter 350 millions ; et c'est vous, prolétaires, qui en payerez l'intérêt !

L'augmentation de la dette développant le paupérisme est
admirablement décrite dans une page de Colins que je demande la permission de citer. Elle est extraite de son ouvrage :
l'*Économie politique source des révolutions et des utopies préten-
dues socialistes* dont les deux derniers volumes sont encore
inédits.

« L'essence du règne bourgeois, triomphe du capital, non-
seulement est de rejeter l'impôt sur le travail, elle est encore
d'élever cet impôt, au moyen des emprunts, au maximum
possible des circonstances.

» L'aristocratie bourgeoise dominatrice est exempte du
contrôle de toute aristocratie rivale, et toujours elle emprunte
autant qu'elle peut emprunter, parce que l'impôt payant
l'intérêt de la dette, est prélevé sur le travail des exploités ;
et qu'elle, au contraire, profite de la totalité du capital em-
prunté.

» Que doit-il résulter de ces incontestables vérités ?

» Que, sous la domination de l'aristocratie bourgeoise,
plus un pays est riche, c'est-à-dire plus ses prolétaires sont
nombreux, pauvres et abrutis, plus ce pays est susceptible
d'emprunter et de payer les intérêts de la dette.

» Que, plus un pays bourgeois est susceptible d'emprunter
et de payer les intérêts de la dette, plus son aristocratie empruntera ou plutôt prêtera ;

» Et que, plus cette aristocratie empruntera ou prêtera,
plus la situation du prolétaire sera malheureuse.

» Examinons pour la France, l'application des principes
dont nous venons d'étudier l'exactitude. Et voyons si la pratique correspond à la théorie.

» Au XVe siècle, la richesse se trouvait répartie beaucoup
plus proportionnellement à la population qu'elle ne l'est à
présent, et il y avait deux aristocraties rivales qui déjà se
contrôlaient. Aussi, et toute compensation faite de territoire,

de richesse et de valeur monétaire, la dette du XIXᵉ siècle est plus que quintuple de celle du XVᵉ siècle ; et personne n'improuvera cette appréciation.

» Dès que la bourgeoisisme reste seul dominateur, la scène sociale change complètement ; alors et nous le répétons, plus la société s'enrichit, plus le prolétaire est malheureux. Donnons un exemple numérique, pour mettre cette vérité dans tout son jour.

» Supposons un pays où la richesse générale tant foncière que mobilière est 100 ; où cette richesse se trouve répartie conformément à la population ; mais, où la forme bourgeoise existe, c'est-à-dire, où la forme nobiliaire se trouve déjà anéantie ; où le sol reste aliéné ; où le travail continue de tout payer et la richesse rien.

» Bientôt la richesse cesse de se trouver répartie selon la population : la part de richesse augmente chez la minorité exploitante, et elle diminue chez la majorité exploitée, parce que celle-ci pour payer l'impôt et travailler moins, vend, peu à peu, sa part de richesse à la minorité.

» Bientôt la minorité exploitante possède la presque totalité de la richesse, et la majorité exploitée n'en a qu'une fraction de plus en plus minime.

» Cependant, les besoins de la société augmentent, comme les développements de l'intelligence ; et l'impôt ne suffit plus pour y satisfaire:

» Alors l'aristocratie bourgeoise, qui possède la presque totalité des *cent* en richesse générale, EMPRUNTE *au figuré*, ou plutôt PRÊTE *au propre,* autant que son capital lui permet de prêter.

» Dès ce moment, l'impôt augmente proportionnellement aux emprunts ; le travail des exploités augmente proportionnellement à l'impôt et la richesse bourgeoise, dite nationale, augmente proportionnellement au travail et à la misère des exploités.

» Ces emprunts continuent comme l'augmentation de la

richesse; l'exploitation des prolétaires augmente comme
l'augmentation des emprunts, et la richesse bourgeoise
comme l'exploitation des prolétaires. C'est ce que l'économie
politique formule en disant : *La richesse et le paupérisme s'avan-
cent également sur deux lignes parallèles.*

» Supposons la richesse générale possédée, pour les 99
centièmes, par 1 centième de la population. Les emprunts de
ce pays bourgeois s'accumulent proportionnellement au mon-
tant de la richesse ; au nombre des prolétaires ; et à la possibilité de les exploiter. L'intérêt de la dette est prélevé sur
l'impôt, qui se paye sur le travail. Dès lors, les 99 centièmes
de cette population qui ne possèdent que 1 centième de la
richesse, sont obligés, même avant de songer à gagner du
pain, de travailler pour payer la totalité d'un impôt, d'autant
plus élevé que ce pays est plus riche. Voyez l'Angleterre, la
Belgique et la France.

» Est-il maintenant incontestable, que plus un pays est
riche, plus la situation du prolétaire y est malheureuse?

» Le prolétaire français n'est point encore complètement
arrivé au fond du gouffre de misère où la richesse nationale
actuelle peut le plonger. Mais, la forme sociale bourgeoise
le pousse vers cet abîme, avec une rapidité qui, peut-être,
ne permet pas aux bourgeois de bien observer le danger que
ce cratère social peut leur faire courir. »

Ceci a été écrit en 1856. Depuis nous avons « progressé »
comme disent les bourgeois. Actuellement le prolétaire français est au fond du gouffre de misère dont parlait Colins.

Un mot sur le dernier emprunt de 350 millions.

On est fixé maintenant sur la participation qu'ont prise à
l'emprunt l'épargne et la haute banque. Il résulte d'indications
précises que, sur les 350 millions demandés par le ministre
des finances, l'épargne paraît n'avoir souscrit que 34 millions,
dont 14 millions à Paris et 20 dans les départements. C'est
dire quelle est la portion des titres de l'emprunt qui entre
dans les portefeuilles.

Les journaux officieux auront beau s'efforcer, au moyen des chiffres qu'a publié le *Journal officiel* sur les résultats de la souscription, de faire croire à un succès, en répétant que l'emprunt est couvert plus de trois fois, — les journaux ministériels annonçaient qu'il serait couvert vingt fois, — ces chiffres sont un trompe-l'œil, la plus grande partie de l'emprunt reste à placer.

Et cependant, M. Tirard croyait s'être assuré le classement immédiat de cet emprunt en ne s'adressant qu'aux capitalistes et en s'efforçant d'écarter la spéculation. Le pauvre homme !

Vouloir enrayer la spéculation à notre époque de bourgeoisisme à outrance est aussi insensé que de vouloir arrêter un train express à la force du poignet ! D'ailleurs, M. le ministre au dernier moment est revenu sur sa décision en reconnaissant qu'il lui était impossible de se passer du concours de la haute banque. C'est elle, en effet, qui a évité un échec au gouvernement.

Parmi les plus grosses souscriptions, nous relevons : le crédit foncier, 45 millions ; la maison Rothschild, 43 millions ; la banque de Paris, 40 millions.

Autrefois la petite banque, la bourgeoisie aisée, prenait une part prépondérante aux emprunts. Mais nous « progressons » et naturellement la haute banque écrase la petite, la classe moyenne tend à disparaître refoulée dans le gouffre du prolétariat. Il ne restera bientôt plus que des mastodontes de la richesse comme Rothschild au milieu d'une immense population de misérables.

Vous cherchez le thermomètre de la crise, M. Jules Ferry. Eh bien, regardez donc du côté de l'emprunt et non du côté du Mont-de-piété.

Quant à vous autres, prolétaires, faites bien attention à ceci : M. de Rothschild tire un revenu de ses capitaux. Mais le profit du capital, tant que le sol est aliéné, provient de l'exploitation du travail. Donc, c'est avec l'argent des autres que M. de Rothschild prête à l'État, c'est-à-dire à lui-même, puisque en époque de bourgeoisisme, l'État se compose des plus riches. Et ce qu'il y a de plus curieux, c'est que cet argent enlevé aux prolétaires est encore employé contre eux.

Je répète la citation de Sismondi : « la plus grande partie des frais de l'établissement social est destinée à défendre les riches contre les pauvres. »

*
* *

Mais reprenons notre examen.

Ces précisions, M. Jules Ferry les a données, à la satisfaction de la Chambre. Il en résulte que tous les corps d'industrie ne souffrent pas ; il y en a qui prospèrent ; et parmi ceux qui sont atteints, il en est qui souffrent beaucoup, d'autres qui souffrent peu. Par exemple :

L'ameublement, la tabletterie, la bijouterie d'imitation luttent péniblement contre la concurrence allemande et autrichienne : mais les confections pour dames, l'industrie des plumes, sont en grande prospérité ; les fleurs artificielles sont délaissées, la mode a changé. La passementerie, la boutonnerie, perdent au dehors ; au contraire, la bimbeloterie et le jouet ont repris un essor brillant. Ainsi de tout le reste. Pourquoi ?

La concurrence étrangère profite de ce que l'ouvrier fait hausser la main-d'œuvre par l'augmentation des salaires, et de ce que le négociant, avide de fortune, poursuit des bénéfices exagérés. Elle profite aussi de ce que, venue tard en lice, elle est munie d'un outillage neuf et perfectionné, alors que nos industriels les plus puissants s'en tiennent aux vieux procédés et ne renouvellent pas leur outillage.

Prenons encore quelques exemples parmi tous ceux que M. Jules Ferry a mis en lumière.

La menuiserie est chère à Paris à cause de la main d'œuvre. Aussi arrive-t-il de la menuiserie ouvrée, à plus bas prix, soit de l'étranger, soit de certains points de la France, tels que Fécamp.

La matière brute est plus chère, pour certaines industries, en France qu'à l'étranger. Aussi a-t-on vu une association syndicale à Paris, travaillant pour la ville de Paris, faire venir ses bois tout sciés d'Allemagne, parce qu'elle y a trouvé un bénéfice de 30 pour 100.

Faut-il donc fermer nos portes à la marchandise étrangère ? Ce serait ruiner l'industrie parisienne, qui renvoie cette marchandise à l'étranger, avec une nouvelle main-d'œuvre dont elle bénéficie.

Que dire de l'industrie du bâtiment? Il y a eu de ce côté une véritable orgie de constructions. On a ainsi attiré à Paris jusqu'à 50,000 ouvriers par an. Aujourd'hui il y a excès d'habitations de luxe. C'est la crise des propriétaires. Les locataires manquent. A qui la faute?

Par contre, l'excessive affluence d'ouvriers de France et de l'étranger a fait grandement hausser le prix des petits loyers, devenus insuffisants pour cette masse. A qui la faute?

Faut-il expulser les ouvriers étrangers? Et les représailles qui frapperont à l'étranger l'ouvrier français! Et puis, comment se fait-il que l'ouvrier étranger afflue à Paris et y vive? M. Brialou a cité une seule corporation où sur 15,000 ouvriers, il y a en ce moment 12,000 italiens et belges. Et ces 12,000 étrangers restent à Paris et trouvent à y vivre. Pourquoi? Ne serait-ce point, parce qu'ils ont moins de besoins que l'ouvrier parisien, parce qu'ils se contentent d'un salaire moindre, parce qu'ils pratiquent mieux l'économie domestique, parce qu'ils sont moins au cabaret qu'au chantier?

Tout cela, — je vous demande pardon, mon cher confrère de l'irrévérence que je vais commettre, — tout cela, dis-je, ce sont des commérages de vieille femme.

Si les négociants sont avides de fortune, s'ils « poursuivent des bénéfices exagérés, » pourquoi diable voulez-vous que les ouvriers ne cherchent pas à se procurer les jouissances qui sont à leur portée en allant au cabaret? M. Jules Ferry aurait-il la prétention d'enrayer le développement des besoins? Et s'imagine-t-il que c'est en propageant l'évangile opportuniste selon Saint Paul-Bert qu'il atteindra ce but?

Si la concurrence étrangère domine sur le marché français, c'est parce que, — et vous êtes dans le vrai, — la main-d'œuvre étrangère est moins élevée que la main-d'œuvre française. Et pourquoi le travail étranger est-il moins payé que le travail français? C'est parce que, — et vous êtes encore dans le vrai, — l'ouvrier étranger a moins de besoins que l'ouvrier français. Et pourquoi cette différence? C'est parce que l'esprit de discipline, l'esprit hiérarchique, est plus solidement établi chez nos voisins. C'est enfin parce que, chez nous, l'esprit d'examen est plus développé et que le prolétaire ne veut plus se *résigner* à son sort. Il veut jouir tout comme le riche.

Alors si vous voulez lutter contre l'étranger, revenez en arrière, rétablissez le respect de l'autorité et mettez un roi sur le trône. Mais essayez donc? — Et vous verrez, comme le disait naguère le maréchal de Mac-Mahon, les chassepots partir tout seul.

Quel parti prendre? Vous êtes condamnés, messieurs les bourgeois, à être étouffés dans ce cercle de fer dont je vous ai déjà parlé. Vous ne pouvez en sortir qu'à l'aide d'un seul moyen : la découverte d'une base d'ordre social rationnellement incontestable, qui soit en mesure de braver l'examen.

— En quoi consiste cette base?

— Inutile de le savoir tant qu'on ne sera pas d'accord sur la *cause du mal*. On l'a dit bien souvent : tout problème bien posé est facilement résolu. Commençons donc par nous entendre sur la position de la question. Or, nous n'en sommes malheureusement pas là, puisque vous niez l'existence même de la question sociale.

*
* *

Reprenons notre examen.

Il faut dire aussi que depuis 1852, — c'est un fait; qu'on l'attribue ou non à l'abaissement des caractères produit par l'absence de liberté, le fait est réel, — depuis 1852 les mœurs publiques se sont viciées; on ne songe qu'à la vie facile, à faire fortune et à jouir; l'industrie et le commerce n'ont en vue que l'exagération du bénéfice : on spécule et l'on joue sur tout; le travail et la qualité des produits s'en ressentent; on brasse les affaires, on fait vite, on fait beaucoup, et l'on fait moins bien; la concurrence étrangère, qui nous guette, saisit nos défauts, produit mieux, se contente de bénéfices moindres et s'empare peu à peu de nos marchés.

C'est donc sous Napoléon III que Guizot a lancé son fameux cri : « enrichissez-vous? » C'est donc sous Napoléon III que

Voltaire a dit quelque chose de semblable : « mets de l'argent dans ta poche et moque-toi du reste? » Il y a bien longtemps que nous sommes gangrenés d'anglomanie jusqu'à la moelle et que nous répétons avec les Américains : *Make money my son, honestly if you can, but make money*.

Du jour où l'examen s'attaque à la religion, le scepticisme fait son entrée dans la société. A dater de ce jour, la croyance en une autre vie devient de plus en plus rare et chacun alors cherche à se procurer le plus de jouissance possible ici-bas. De là le goût de la vie facile et le désir ardent de faire fortune *per fas et nefas*. C'est logique.

Écoutez cet admirable passage que Proudhon a écrit, il y a plus de trente ans :

« Nous sommes arrivés de critique en critique à cette triste conclusion : que le sentiment du juste et de l'injuste dont nous pensions jadis avoir le discernement est devenu pour nous un terme de convention vague, indéterminable ; que tous ces mots : devoir, morale, vertu, dont la chaire et l'école font tant de bruit, ne servent qu'à couvrir de pures hypothèses, de vaines utopies, d'indémontrables préjugés. Pour tout dire, le scepticisme, après avoir ravagé religion et politique, s'est abattu sur la morale ; et c'est en cela que consiste la dissolution moderne. »

Il est impossible de rétablir la religion catholique puisqu'elle n'a pu se maintenir. Il est impossible de revenir à aucune des religions révélées puisqu'il n'en existe aucune qui soit en état de supporter l'examen. Et cependant il est impossible de contraindre les hommes à la morale et au devoir en dehors d'une sanction ultra-vitale.

Comment donc, encore une fois, est-il possible de sortir de là?

Tout simplement, en démontrant d'une manière rationnellement incontestable, la réalité du lien religieux.

En est-il UN SEUL parmi vous, messieurs les députés, qui se doute seulement de l'immensité du problème? Eh bien,

de Maistre s'en doutait lorsqu'il écrivait au commencement
de ce siècle :

« Attendez que l'affinité naturelle de la religion et de la
science les réunisse dans la tête d'un seul homme…. L'appa-
rition de cet homme ne saurait être éloignée et peut-être
existe-t-il déjà…. Alors toute la science changera de face :
l'esprit longtemps détrôné et oublié reprendra sa place. »

Ce que de Maistre avait prédit, Colins l'a réalisé.

*
* *

Mais arrivons à la fin de notre examen.

M. Jules Ferry a traité magnifiquement la deuxième partie de son
discours. Il a exactement défini le rôle du gouvernement dont le
devoir n'est pas de se substituer à l'initiative individuelle qu'il doit
seulement encourager et aider, mais dont le devoir est d'assurer la
liberté à tous, la liberté de s'associer, de discuter, de se syndiquer.

Le président du Conseil a fait entrevoir les effets de la loi des syndicats professionnels, effets qui seront excellents, si ceux qui auront
en main cet instrument de liberté et de progrès en savent faire bon
usage.

L'État intervient aussi dans l'éducation populaire, et il est heu-
reusement intervenu en complétant l'enseignement élémentaire par
l'enseignement du travail manuel.

En résumé, le rôle de l'État n'est pas de se substituer à l'individu
et de remplacer la prévoyance de chacun ; son véritable rôle consiste
à assurer la liberté de tous et à se faire, par les moyens dont il dis-
pose, le surintendant de la prévoyance sociale.

Le succès de ce discours a été considérable. Il est certain que la
Chambre a été remuée par cette parole aux accents loyaux et con-
vaincus et s'est sentie réconfortée par un exposé de sentiments et de
principes d'une incontestable et saine vérité.

Encore une fois, il est entendu que M. Jules Ferry est un
grand homme. Mais ce n'est pas une raison pour admirer
bouche béante tout ce que disent les grands hommes, même
quand ils émettent des appréciations complètement fausses.
Je veux bien reconnaître avec la Chambre, la parfaite loyauté
de M. le président du Conseil, mais je refuse d'admirer son

discours. Les intentions! c'est magnifique. Parbleu! nous savons depuis longtemps que l'enfer démocratique en est pavé. Est-ce que cela suffit?

En somme qu'a dit M. le ministre?

1° Selon lui, la crise a été exagérée ; elle est exclusivement parisienne et encore! — Eh bien, veuillez parcourir les départements, les villes et les villages, — non en ministre, ayant à ses trousses toute une escorte de dadais qui ne sont bons qu'à prononcer de grands discours bêtas sur l'amélioration des citrouilles et de la race porcine, — mais en simple particulier qui ne craint pas de se frotter aux prolétaires, de causer avec eux et de s'enquérir de leurs misères ; et alors vous apprendrez : qu'à Bordeaux notamment, des ouvrières gagnent 40 centimes par jour à fabriquer des espadrilles, d'autres gagnent 60 à 75 centimes pour coudre des pantalons de soldat ; à Navarenx, dans les Basses-Pyrénées, une couturière travaillant toute la journée gagne 30 centimes, un œuf et une tranche de pain ; à Pau, d'où j'écris cette lettre, un dixième de la population, 3,000 sur 30,000, est inscrite au bureau de bienfaisance ; à Barèges, les montagnards employés à l'établissement thermal reçoivent pour un travail de six mois, un salaire de 100 francs et les jeunes filles 60 francs. Est-ce que tout cela n'est pas dérisoire? Veuillez parcourir les campagnes, M. le Ministre, — non pour aller puiser des informations chez M. le maire, un gros bonnet de l'endroit, propriétaire foncier ou notaire qui ne manquerait pas de vous vanter la prospérité agricole à grand renfort de truffes et de champagne, — pénétrez dans les maisons de nos paysans, vous y verrez de misérables demeures, des cabanes le plus souvent ouvertes à toutes les intempéries des saisons ; des ouvertures se fermant non à l'aide de fenêtres vitrées, il n'y en a pas, mais avec des volets ; pour tout plancher le sol battu, des murs en torchis qui montrent de nombreuses lézardes, un grabat qui se transmet de père en fils depuis trois ou quatre générations, deux ou trois vieilles chaises branlantes, le plus souvent des escabeaux. La nourriture se compose d'un peu de lard et de *mesture*, pas de pain, de la viande une ou deux fois par an. Tel est le logement, telle est la nourriture de la plus grande partie de nos paysans. En 1873, M. de Ventavon déclarait à la tribune, qu'il existe plus de cinq millions de familles de journaliers. En estimant à cinq personnes la famille du paysan, cela fait vingt-cinq millions de prolétaires agricoles sans compter les prolétaires de l'industrie.

Mais relisez donc les discours des 26 octobre 1882 et 17 mai 1883 de votre collègue, M. Méline.

« L'agriculture souffre beaucoup, c'est un fait incontestable. Tout le monde agricole attend des réformes avec la plus vive impatience... Non, la France agricole n'est pas dans une situation brillante et cette situation deviendra plus mauvaise encore, si l'on continue à vivre sous ce régime économique déplorable. »

Vous voyez bien que la crise s'étend plus loin que Paris.

D'ailleurs, il n'est même pas besoin d'entreprendre le voyage dont je viens de parler, il suffit de parcourir les statistiques du docteur Bertillon. Elles signalent, je le répète, une perte annuelle de 97,000 personnes tuées par la misère. Est-ce qu'un pareil état de choses ne constitue pas une crise, une crise terrible? Et qui plus est, une crise permanente qui ira toujours s'aggravant!

2° M. le Ministre a parlé de la folie de constructions qui a sévi dans ces derniers temps et c'est à cela qu'il attribue une des causes du chômage. Ici, M. le Ministre se trompe, il prend l'effet pour la cause. Le grand nombre des constructions provient du désir de s'enrichir quand même. Quelle est la cause de cette course effrénée à la richesse? Voilà ce qu'il eût fallu rechercher. A l'aide de quels moyens empêcherez-vous ces « abus » ? M. Jules Ferry n'en a pas dit un mot.

3° Je passe les fameux syndicats professionnels, indiqués

comme un des remèdes au mal social. De pareilles calembredaines ne méritent pas une ligne d'examen.

4° Et la non moins fameuse « instruction gratuite, » parlons-en ! Comment gratuite ? Est-ce qu'il ne faut pas payer le nouveau matériel et les instituteurs ? Et qui paye cela, s'il vous plaît ? — L'impôt. — Et qui paye l'impôt ? — Le travail. Votre instruction prétendue gratuite se traduit donc par un accroissement de misère.

5° « L'État ne doit pas se substituer à l'initiative individuelle. » Sans aucun doute. Mais est-ce parce que les ouvriers ont manqué d'initiative, qu'ils sont aujourd'hui cent mille sur le pavé ? Non, c'est parce que les patrons n'ont pas d'ouvrage à leur donner. Allons ! Tout cela est vraiment pitoyable et indigne du talent de M. Jules Ferry.

« L'État, dites-vous encore, ne doit que la liberté de s'associer et de discuter. » Mettez-vous cela sous la dent, prolétaires ! Vous ne mourrez pas d'indigestion. N'est-ce pas le cas de répéter avec Michel Chevalier, « que sont des droits électoraux ou municipaux pour des hommes enchaînés à la misère ? »

Permettez-moi de vous le dire, M. le Ministre, vous ressemblez à ce médecin qui disait à un malade perclus et ne pouvant bouger de son fauteuil : « le manque d'exercice vous tuera ; il n'existe qu'un moyen de vous sauver : levez-vous et faites de bonnes courses dans la campagne. »

Commencez donc par changer une organisation sociale tellement stupide que, de l'aveu du premier des économistes, « une partie de la population périt tous les ans de besoin, » et alors vous viendrez nous parler de liberté, d'instruction et du reste. Jusque là tous vos discours ne seront..... que des discours. *Verba et voces* !

Vous terminez, mon cher confrère, en nous montrant la Chambre, se pâmant d'admiration à l'audition de la prose ministérielle. Eh bien, selon moi, cela montre simplement que cette malheureuse Chambre est sourde et aveugle, qu'elle

a des yeux pour ne pas voir et des oreilles pour ne pas entendre. Mais qu'elle y prenne garde !

« Le socialisme, a dit peu de temps avant sa mort, lord
Beaconsfield, n'est encore qu'un léger zéphyr, agitant à peine
le feuillage ; ʙɪᴇɴᴛôᴛ ce sera l'ouragan déchaîné qui renversera
tout sur son passage. »

Il faut convenir que le célèbre homme d'État anglais y
voyait d'un peu plus loin que Thiers et Gambetta.

CONCLUSIONS.

La crise existe, tout le monde en convient. Il faut espérer
que la commission d'enquête qui vient d'être nommée, nous
fera connaître l'étendue du mal.

La cause du mal est double ; elle est morale et matérielle,
mais la cause matérielle n'est elle-même que l'effet de la
cause morale.

Ces deux causes sont :

1° L'ignorance sociale sur la réalité du droit en présence
de l'impossibilité de comprimer l'examen.

2° L'aliénation du sol.

Toute la discussion à laquelle je viens de me livrer porte
en partie sur ces deux points. Quant au remède, il est inutile
de le discuter tant qu'on ne sera pas tombé d'accord sur la
cause du mal. Je vais néanmoins l'indiquer.

Le remède est double : il est moral et matériel.

Il consiste :

1° Dans la démonstration rationnellement incontestable de
la réalité du droit et de son éternelle sanction, autrement dit,
dans la démonstration de la réalité du *lien* religieux.

2° Dans l'entrée du sol et de la majeure partie des capitaux
acquis par les générations passées, à la propriété collective.

Mais il est évident que vouloir parler cause morale et
remède moral à une société où il est impossible de faire deux
pas sans se heurter à trois imbéciles, ou à quatre hommes

« pratiques, » — gens qui n'y voient pas plus loin que le bout de leur nez, — serait perdre son temps. Pour avoir quelque chance d'être écouté de cette grande prostituée qu'on appelle l'opinion publique, il ne faut l'entretenir que de choses qui ont cours dans l'esprit public.

Or, il est certain que les questions économiques commencent à préoccuper beaucoup de gens. On peut donc porter la discussion sur ce terrain.

Permettez-moi donc, mon cher confrère de l'*Indépendant de Pau*, tout en vous serrant cordialement la main, de profiter de la publicité de cette lettre pour provoquer à un débat contradictoire, MM. les sénateurs, les députés, les journalistes, toutes les personnes enfin qui s'intéressent aux questions d'ordre social.

Voici les deux points sur lesquels je désire circonscrire la discussion :

1° Le paupérisme doit-il être anéanti sous peine de mort sociale? Oui ou non.

2° L'aliénation du sol est-elle la cause du paupérisme? Oui ou non.

Je jette le gant à la société tout entière ; qui voudra le relever ?   FRÉDÉRIC BORDE.

111BIS, rue Pelleport, à Bordeaux.

P. S. Toutes les communications que l'on voudra bien me faire l'honneur de m'adresser seront insérées intégralement dans la *Philosophie de l'Avenir*, pour y être discutées contradictoirement.

EXTRAIT

DU

CATALOGUE DES LIVRES DE FONDS

DE LA

LIBRAIRIE MÉDICALE ET SCIENTIFIQUE DE A. MANCEAUX

Rue des Trois-Têtes, 12 (Montagne de la Cour) 12

A BRUXELLES.

NOTA. — Tous les ouvrages portés dans ce Catalogue sont expédiés par la poste, dans les provinces et les pays de l'Union postale, *franco* et sans augmentation sur les prix désignés. — Prière de joindre à la demande des *timbres-poste* pour une somme de moins de cinq francs ou un *mandat* sur Bruxelles. — *On ne reçoit que les lettres affranchies.*

Albrecht (Paul). Sur les copulae intercostoïdales et les hémisternoïdes du sacrum des mammifères, 18 grav. dans le texte, 24 p., 1883. 2,00

— Epiphyses osseuses, sur les apophyses épineuses des vertèbres d'un reptile (*Hatteria punctata, Gray*). Avec 2 fig. intercalées dans le texte, 6 pages, 1883. 0,50

— Sur la fente maxillaire double sous-muqueuse et les quatre os intermaxillaires de l'ornithorynque adulte normal. Communication faite à la Société d'anatomie pathologique de Bruxelles, dans sa séance du 25 novembre 1883. 6 p. avec une grav. dans le texte. 0,50

— Mémoire sur le Basiotique, un nouvel os de la base du crâne, situé entre l'occipital et le sphénoïde. présenté à la Société d'anatomie pathologique de Bruxelles. In-8°, 31 p. et 9 grav. sur bois. 3,50

Barella. Les alcools et l'alcoolisme, 1880, in-8°, 165 p. 3,00

— De la mort subite puerpérale. 1874, in-8°. 2,00

— Clinique médicale des affections du cœur et de l'aorte. Observations de médecine pratique, traduites de l'anglais. In-8°, 246 pages et planches. 4,00

ENVOI FRANCO CONTRE MANDAT POSTAL.

Barella. De l'abus des spiritueux, maladies des buveurs. 1879, beau vol. in-12, 200 pages.   3,00

— De l'emploi thérapeutique de l'arsenic. In-8°, 567 pages. 8,00

Baudon. De la valeur relative des amputations et des résections dans les tumeurs blanches. 1878, in-8°. 147 pages.   2,00

Belval. Essai sur l'organisation générale de l'hygiène publique. 1876, in-8°, 306 pages.   7,50

Bock. Le livre de l'homme sain et de l'homme malade, traduit de l'allemand sur la 5e édit. et annoté par le docteur Victor Desguin, lauréat de l'Académie de médecine de Paris, et M. Camille Van Straelen. Ouvrage enrichi de planches et de gravures intercalées dans le texte, 2 vol. in-8°, 800 p.   10,00

Boëns. La bière au point de vue médical, hygiénique et social. 1878, in-8°, 160 pages.   2,00

— Traité pratique des maladies, des accidents et des difformités des houilleurs. 1862, in-8°, 162 pages.   5,00

— Louise Lateau ou les mystères de Bois-d'Haine dévoilés. 2e éd. revue et augmentée.   2,00

— Plus de vaccin, plus de vaccine. In-8°, 1880.   1,00

— Le vaccin jugé par ses partisans. In-8°, 1880.   1,00

— La vaccine obligatoire, BOËNS. Bruxelles, in-8°, 1880. 1,00

— La vaccine. In-8°, 1881.   1,00

— La vaccine au Congrès de Cologne. In-8°, 1882.   3,00

— L'École vaccinatrice et l'École antivaccinatrice. In-8°, 1883.   1,50

— La variole, la vaccine et les vaccinides en 1884. In-8°, 1884.   2,50

Bojanus. Application de la médecine homœopathique aux traitements chirurgicaux. Faits divers de médecine opératoire. Compte-rendu des résultats obtenus à l'hôpital des Apanages de Nijny-Nowgorod (Russie). In-8°, iv-233 pages avec atlas de 15 planches photolithographiques. 1864.   7,00

Bommer et **Rousseau.** Catalogue des champignons observés aux environs de Bruxelles. 1879, in-8°, 220 pages.   2,00

Bougard. Études sur le cancer, caustique et instrument tranchant, examen critique des traitements préconisés, exposé complet de la méthode de l'auteur, caustique et procédés nouveaux, statistique comparée établissant la supériorité de la méthode cautérisante, par le docteur Bougard, ancien professeur à l'Université de Bruxelles, membre de la Commission médicale, chirurgien et administrateur de l'hospice Sainte-Gertrude, chirurgien en chef des ambulances de la Croix-Rouge pendant la guerre de 1870-71, membre de la Commission d'inspection des établissements d'aliénés, etc., grand in-8°. 1882, 890 pages.   10,00

Bouqué. Du traitement des fistules uro-génitales de la femme, par la réunion secondaire. (Cautérisation simple. — Cautérisation suivie de l'application des instruments nécessaires.) 1875, in-8°, 261 pages.   4,00

Burggraeve. Les appareils ouatés ou nouveau système de déligation pour les fractures, les entorses, les luxations, les contusions, les artropathies, etc., avec 20 planches gravées sur des épreuves photographiées. 1859, gr. in-folio, 100 p. 50,00

— Études médico-philosophiques sur Joseph Guislain, 1867, grand in-8°, 452 pages.   6,00

— Œuvres médico-chirurgicales. 1862, grand in-8°, 423 p. 3,00

— Réponse à M. le docteur Deroubaix, sur sa brochure : *Quelques mots à propos du nouveau projet de loi sur l'enseignement supérieur.*   0,50

Buys. Traitement du kyste de l'ovaire, du pyothorax, de l'hydrothorax, des plaies, etc., par la compression et l'aspiration continues. Procédés et appareils nouveaux. Ouvrage extrait des *Mémoires de l'Académie royale de médecine de Belgique,* orné de trois grandes planches lithographiées, suivi d'une observation de corps étranger, extrait de l'articulation du genou, recueillie par M. Hauchamps, dans le service de M. le docteur Deroubaix, à l'hôpital Saint-Pierre de Bruxelles. 1870, in-8°, 118 pages et planches.   3,00

Cauderlier (**Em.**). Les Boissons alcooliques et leurs effets sociaux en Belgique. D'après des documents officiels.   1,00

— Les Boissons alcooliques en Belgique et leur action sur l'appauvrissement du pays. Brochure grand in-8°.   1,00

— Du Saint-Gothard à Syracuse. — Voyage en Italie et en Sicile, avec de nombreuses vignettes, par A. Heins. Un beau volume in-12, de 384 pages.   4,00

Casse. De la transfusion du sang. 1874, in-8°, 182 pages et planches.   4,00

— Terrains et microbes. In-8°. 1884.   1,25

Cazenave (de la Roche). Traité pratique des Eaux-Bonnes. 1877, in-8°, 260 pages.   3,50

Charles. Clinique obstétricale, deuxième série de cent opérations pratiquées dans des accouchements difficiles. 1878, in-8°,
108 pages.   4,00
— Des déplacements de la matrice en arrière pendant la
grossesse (mémoire couronné par l'Académie de médecine de
Paris, prix Capuron, 1874). 1878, in-8°, 300 pages et fig. 6,00
Charon. Contribution à la pathologie de l'enfance, 2e édition,
revue et augmentée. 1881, in-8° avec figures et 6 planches
noires et en chromo.   6,00
Congrès international d'hygiène, de sauvetage et d'économie
sociale. 1876, 2 forts volumes grand in-8° d'environ 900 pages
chacun.   25,00
— périodique international des sciences médicales, 3e session.
Vienne, 1873. Compte-rendu résumé, publié d'après les documents officiels fournis par le bureau du Congrès de Vienne,
par le comité de publication des actes du Congrès médical de
Bruxelles. In-8°.   4,00
— périodique international des sciences médicales, 4e session.
Bruxelles, 1875. Compte-rendu publié, au nom du bureau, par
MM. Warlomont, Duwez et Verriest. 1876, in-8°, 1050 pages
avec figures.   15,00
Crocq. Traité des tumeurs blanches des articulations. Ouvrage
publié par la Société des sciences médicales et naturelles de
Bruxelles, accompagné de planches lithographiées. 1853, in-8°,
XVI-725 pages.   12,00
— Du traitement des fractures des membres. Mémoire couronné
par l'Académie royale de médecine de Belgique. 1851, in-4°,
544 pages.   6,00
Da Costa Alvarenga. Précis de thermométrie clinique générale, trad. du portugais, par le dr Papillaud. 1871, 1 vol. 6,00
Dambre. Traité de médecine légale et de jurisprudence de la
médecine, 2e édition, revue par un professeur. 1878, in-8°,
612 pages.   8,00
Dandois. Du rôle des organismes inférieurs dans les complica-
tions des plaies. Mémoire de chirurgie couronné au concours
de l'enseignement supérieur de l'année 1881-1882. Volume in-8°
de 332 pages.   5,00
Degive. Manuel de maréchalerie. Br. 2 fr., cart.   2,50
Delogne. Flore cryptogamique de la Belgique. 1re livraison
(mousses).   5,00

Delporte (A.). Notice sur les travaux nécessaires pour compléter le réseau géodésique belge. 1884, in-8°.   2,00

De Molinari. Guide de l'homœopathiste, indiquant les moyens de se traiter soi-même dans les maladies les plus communes, en attendant l'arrivée du médecin. 2° édit, 1871, 1 vol. in-12. 3,00

Deneffe. Nouveaux trocarts pour la ponction hypogastrique de la vessie. In-8° avec planches.   1,00

— Creuznach. Études médicales sur ses eaux chlorurées, iodobromurées. 1883, in-8°, 309 pages.   5,00

Deneffe et **Van Wetter.** De l'anesthésie produite par injection intra-veineuse de chloral, selon la méthode de M. le professeur Oré. 1875, in-8° de 230 pages.   3,50

— Nouvelles études sur l'anesthésie par injection intra-veineuse de chloral. 1879, in-8°, 128 p.   2,00

— De la ponction de la vessie. 1874, in-8° de 300 pages et pl. chromo.   4,00

Deneubourg. Traité pratique d'obstétrique ou de la parturition des principales femelles domestiques, comprenant tout ce qui a rapport à la génération et à la mise bas naturelle, les soins à donner à la mère et au nouveau-né de suite après la naissance, pendant l'allaitement et à l'époque du sevrage. 1880, in-8°, 583 pages avec 38 figures dans le texte.   8,00

Deroubaix. Compte-rendu des travaux relatifs à la chirurgie pendant la période 1841-1866. 1867, in-8°, 103 pages.   1,50

— Fragments sur la compression. In-8°, 50 pages.   1,00

— Clinique chirurgicale de l'hôpital Saint-Jean.

I. Observations et leçons cliniques recueillies par M. Lebrun, aide de clinique, depuis le 1er octobre 1877, jusqu'au 1er juillet 1879. 1881, grand in-8° avec figures.   4,00

II. Seconde partie des observations et leçons cliniques recueillies depuis le 1er octobre 1877, jusqu'au 1er juillet 1879. 1881, grand in-8° avec figures.   4,00

— Clinique chirurgicale de l'hôpital Saint-Jean, par M. le professeur Deroubaix. Observations recueillies par M. Thiriar, aide de clinique, depuis le 1er avril 1881 jusqu'au 1er juillet 1882. Grand in-8°, 220 pages avec fig. dans le texte.   5,00

— Traité des fistules uro-génitales de la femme, comprenant les fistules vésico-vaginales, vésicales cervico-vaginales, uréthrovaginales cervico-utérines, vésico-utérines. 1872, un gros vol. in-8° de 824 p., orné de pl. intercalées dans le texte.   12,00

Deroubaix. Quelques mots à propos du nouveau projet de loi sur l'enseignement supérieur. Brochure in-8° de 48 p.   1,25

De Saint-Moulin. De l'accouchement prématuré artificiel particulièrement envisagé dans ses moyens d'exécution. 1878, in-8°, 154 pages.   2,50

Desguin. Nouvelle étude critique sur les symptômes cérébraux du rhumatisme. 1870, in-8°, 120 pages.   2,00

— Étude de métalloscopie et de métallothérapie. 1880, in-8°. 2,00

— Le burquisme, métalloscopie et métallothérapie. Rapport fait à l'Académie royale de médecine de Belgique, dans la séance du 29 décembre 1883, par le docteur VICTOR DESGUIN. In-8°.
        1,25

Desmet (Édouard). Des dermatoses considérées au point de vue de la classification de l'étiologie, de l'anatomie pathologique et du traitement. 1870, in-8°.   4,00

— Des rétrécissements du canal de l'urèthre. 1880, in-8°, 560 pages.   7,50

De Smeth (Joseph). Les maladies et les infirmités de l'esprit. Conférence clinique recueillie par Longfils. (Extrait des *Annales de l'Université.*) In-8°, 40 pages.   2,00 ·

— Symptômes et traitement des maladies mentales à leur début, par le docteur Alb. Erlenmeyer. (Mémoire couronné par la Société allemande de psychiatrie et de psychologie légale.) Trad. de l'allem., sur la 5ᵉ édit.. 1868, in-8°, 160 pages.   3,00

— De la mélancolie. Étude médicale. Thèse présentée à la faculté de médecine de Bruxelles. 1872, in-8°.   5,00

Dewalque. Prodrome d'une description géologique de la Belgique. 2ᵉ édition, 1880, fort. vol. in-8°.   8,00

Dupré. La chirurgie et le pansement antiseptique en Allemagne et en Angleterre. Lettres adressées à M. le professeur van den Corput. 1879, in-8°.   5,00

Esmarch. Les premiers soins à donner en cas d'accidents subits. — Trad. par le Dʳ EUGÈNE VAN OYE. Petit in-8°, de 100 p.   1,25

Feigneaux. Les maternités au point de vue de la prophylaxie des maladies puerpérales. 2ᵉ édition, revue et augmentée. In-8°.   2,00

— Le suicide dans le comté et la capitale de Philadelphie de 1872 à 1881 inclusivement (extrait du compte rendu de l'Association médicale américaine Saint-Paul, juin 1882), par

John G. Lee, M. D., médecin légiste, etc. à Philadelphie Pa; traduit de l'anglais par le docteur A. Feignéaux, secrétaire général de la Société royale de médecine publique de Belgique, directeur gérant de *l'Art médical*, etc. Bruxelles, Lavalleye-Moreau. 1,50

Félix. De l'assainissement des villes et des habitations au moyen du comburateur hygiénique au gaz. 1880, in-8°. 2,50

— De la destruction des gaz méphitiques. 1876, in-8°. 1,50

— De l'action physiologique et thérapeutique du phosphore pur et de son emploi dans le traitement curatif de la bronchite chronique, de l'emphysème et de la phtisie pulmonaires. 1881, in-8°. 4,00

— Étude clinique sur la fistule à l'anus et son traitement au moyen de la section linéaire. Méthode et procédés nouveaux. 1875, in-8°. 2,00

— Étude sur les hôpitaux et les maternités. 1876, in-8°, 64 pages avec croquis, plans, devis, etc. 2,00

— Considérations sur l'attelage du cheval et du chien. 1877, in-8°, 16 pages. 1,00

Foelen. Manuel populaire sur les soins à donner aux chevaux, ânes et mulets employés au travail dans les champs ou dans l'industrie. 1867, in-12, 115 pages. 1,00

— Du chromate neutre de potasse. 1866, in-8°, 33 pages. 1,50

Francotte. La diphtérie, considérée principalement au point de vue de ses causes, de sa nature et de son traitement. Mémoire de médecine couronné au concours de l'enseignement supérieur de l'année 1881-1882. Vol. in-8°, 384 pages, avec des pl. lith. 7,00

Formulaire du service de santé de l'armée, des prisons et des chemins de fer, suivi d'une instruction pour les soins à donner dans les cas d'empoisonnement et d'asphyxie. In-8°. 60 pages.

Forster. Formulaire de poche à l'usage des médecins vétérinaires. Traduit de l'autrichien, par J. B. Derache et J. M. Wehenkel, professeurs à l'école vétérinaire de Bruxelles, d'après la 2e édition, revue et augmentée, 2 vol. Maladies externes. 1878, in-18, xii-187 pages. 8,00

Guibert. Histoire naturelle et médicale des nouveaux médicaments introduits dans la thérapeutique depuis 1830 jusqu'à nos jours, 2e édit., augmentée des médicaments admis en thérapeutique depuis 1865, jusqu'en 1874, par le docteur Heckel, professeur agrégé à la faculté de Montpellier. Ouvrage couronné (médaille d'or) par la Société royale des sciences médicales et naturelles de Bruxelles. 2 vol. in-8º, 1000 pages (au lieu de 16 francs).   6,00

Gallet. Histoire des kystes de l'ovaire, envisagée surtout au point de vue du diagnostic et du traitement. Ouvrage couronné par l'Académie royale de médecine de Belgique. 1 vol. in-4º de 1000 p. et atlas de 24 pl. renfermant 112 fig.   9,00

Hayoit. Des accidents céphaliques sympathiques de la Dyspepsie.   1,00

Heger. Étude critique et expérimentale sur l'émigration des globules du sang, envisagée dans ses rapports avec l'inflammation. 1878, in-8º.   2,00

— Expériences sur la circulation du sang dans les organes isolés. Introduction à une étude sur les effets toxiques par la méthode des circulations artificielles. 1873, in-8º, 70 pages.   2,00

— Recherches sur la circulation du sang dans les poumons. 1880, in-8º avec planches.   2,00

— Notice sur l'absorption des alcaloïdes dans le foie, les poumons et les muscles, expériences faites au laboratoire de physiologie de l'Université de Bruxelles.   2,00

Heger et **Dallemagne.** Études sur les caractères crâniologiques d'une série d'assassins exécutés en Belgique. 1881, in-8º avec 5 planches en photogravure.   4,00

Jacques. Essai sur la localisation des alcaloïdes dans le foie. Expériences faites au laboratoire de physiologie de l'Université de Bruxelles. 1880, in-8º avec planches.   2,50

— Éléments d'embryologie, leçons recueillies à l'Université de Bruxelles. 1 vol. in-12 et figures dans le texte, 108 pages. ouvrage cart. à l'anglaise.   4,00

— Les crânes du cimetière du Sablon à Bruxelles. (Extrait des *Annales de l'Université*). 1883, in-8º, 97 pages.   3,00

Janssens. Topographie médicale et statistique démographique de la ville de Bruxelles avec plan. Mémoire couronné par l'Académie royale de médecine de Belgique. 1868, in-4º, 250 p. 8,00

— Iodoformognosie ou monographie chimique, physiologique, pharmaceutique et thérapeutique de l'iodoforme, par le docteur Giovanni Righini, traduit de l'italien et annoté par le docteur E. Janssens. (Mémoire auquel la Société des sciences médicales et naturelles de Bruxelles a décerné une médaille d'argent au concours de 1860.) 1860, in-8º.   2,00

Journez (H.). Rapport sur l'épidémie de fièvre typhoïde qui a régné dans la garnison de Liège, pendant le 1er trimestre 1883, in-8°, de 56 pages. 1,50

Kuborn. Études sur les maladies particulières aux ouvriers mineurs, employés aux exploitations houillières en Belgique. 1863, in-4°, 302 pages. 6,00

— Des causes de la mortalité comparée de la première enfance dans les principaux climats de l'Europe. Rapport présenté au Congrès international d'hygiène et de sauvetage. 1877, grand in-8°, 113 pages. 4,50

— Des causes de la mortalité comparée de la première enfance dans les principaux climats de l'Europe. 1878, in-8°, 140 pages. 2,00

Kufferath. Étude sur les injections intra-utérines pendant et en dehors l'état puerpéral. 1879, in-8°, IV-138 pages. 4,00

Lalieu. Manuel d'oxalimétrie ou méthode de titrages fondée sur l'emploi combiné de l'acide oxalique et du permanganate de potasse, applicable à l'essai de substances médicamenteuses, alimentaires, etc. 1881, in-12 avec figures. 3,00

Larondelle. De la valeur relative des amputations et des résections dans les tumeurs blanches. Indications et contre-indications. In-8°, 180 pages. 6,00

Lefebvre. Louise Lateau de Bois-d'Haine. Sa vie. — Ses extases. — Ses stigmates. 2e édition, 1873, in-12, 395 pages. 2,50

Lister. Les publications réunies de J. Lister, sur la chirurgie antiseptique et la théorie des germes. Traduit par le docteur G. Borginon. 1881, in-8°, 650 p. avec fig. et pl. 10,00

Manouvriez. Étude d'hygiène industrielle sur la houille et ses dérivés, de l'anémie des mineurs, dite d'Anzin. 1878, in-8°, 247 pages. 5,00

Melsens. Emploi thérapeutique de l'ammoniaque, des sels et des composés ou mélanges ammoniacaux complexes dans les affections des organes respiratoires. Brochure in-8°. 0,50

— Sur l'emploi de l'iodure de potassium pour combattre les affections saturnines mercurielles et les accidents consécutifs de la syphilis. 1866, in-8°. 1,00

Merchie. Manuel pratique des appareils modelés ou nouveau système de déligation pour les fractures des membres, les luxations, les entorses et autres lésions nécessitant une immobilisation complète et instantanée. 1872, un gros volume in-8° de

600 pages, orné de planches intercalées dans le texte. 8,00

Merchie. Appareils modelés ou nouveau système de déligation pour les fractures des membres, précédé d'une histoire analytique des principaux appareils à fractures, employés depuis les temps les plus reculés jusqu'à nos jours. 1 vol. in-8° de 607 p. avec 82 figures intercalées dans le texte.   5,00

Michel. Traité des maladies des fosses nasales et de la cavité naso-pharyngienne, d'après des observations personnelles. Traduit de l'allemand par le docteur A. Capart. 1879, in-8° avec planches.   4,00

Motte. Étude clinique et expérimentale sur l'étranglement herniaire et en particulier sur l'action des gaz dans la production de cet accident. 1876, in-8°, 100 pages et 3 planches.   3,00

Miot. Recherches physiologiques sur l'innervation du cœur. 1876, in-8°, 140 pages.   3,00

— Recherches physiologiques sur la formation des globules du sang. 1865, in-4°.   3,00

— Du traitement des maladies nerveuses par l'électricité statique. 1883, in-8°, 31 pages.   2,00

— Du daltonisme au point de vue théorique et pratique. Étude critique des méthodes d'exploration du sens chromatique et rapport à M. le Ministre des travaux publics sur la réforme des employés de chemin de fer, affectés de daltonisme en Suède, Norwège et Danemark. In-8°, 146 pages.   2,50

— Du massage, son action physiologique, sa valeur thérapeutique, spécialement au point de vue du traitement de l'entorse. In-8°, 27 pages.   1,50

Norlander et **Martin.** Manuel de gymnastique rationnelle suédoise, à l'usage des écoles primaires, des écoles moyennes, des athénées, des écoles normales, de l'armée et de la marine, publié d'après les meilleures sources. 1883, in-8°, VIII-242 p., 3 planches et 294 figures intercalées dans le texte.   5,00

Nyssens. Traitement spécifique de la dysenterie. In-8°, 32 pag.   1,50

Peeters. Gheel et le patronage familial. — Lettres médicales. Vol. grand in-8° de 250 pages.   4,50

Petit. Vingt-cinq années de pratique chirurgicale. Traitement des affections chirurgicales que l'on rencontre le plus fréquemment dans les centres industriels. 1882.   2,50

Philippart. Des émissions sanguines dans le traitement des maladies aiguës, suivi du rapport dont il a été l'objet à l'Académie royale de médecine de Belgique, dans la séance du 27 janvier 1883. In-8°. 2,00

Prinz et **Van Ermengem.** Recherches sur la structure de quelques diatomées contenues dans le « Cemenstein » du Jutland. Grand in-8°, 5 planches hors texte. 4,50

Richald. Hygiène des professions libérales 3e édition, augmentée d'un tableau synoptique des eaux minérales. 1878, in-8°, 192 pages. 5,00

Rommelaere. Du diagnostic du cancer. 1883, in-8°, 93 p. 3,00

— Recherches sur l'origine de l'urée. 1880, in-8°, 107 p. 2,00

— Notes sur la pratique chirurgicale en Angleterre. 1867, in-8°, 36 pages. 1,50

— Des institutions médicales et hospitalières en Angleterre. 1866, in-8°, 265 pages et planches. 4,00

— De la déformation des globules rouges du sang. 1874, in-8°, 48 pages avec 4 planches. 2,00

— Étude sur Van Helmont. 1868, in-4° de 272 pages. 6,00

— De la pathogénie des maladies urémiques. Étude de physiologie pathologique. In-8° avec planches. 2,00

— De l'empoisonnement par le phosphore. 1871, in-8°, 80 p. 2,00

— De l'empoisonnement par le phosphore et de son traitement par l'essence de térébenthine de France. 1875, in-8°, 47 p. 2,00

— De l'atelectasie pulmonaire. 1881, in-8°. 4,00

— De l'accélération cardiaque extrême. Contribution à l'étude des névroses de la motilité cardiaque. 1883, 48 pages. 1,00

— De la mensuration de la nutrition organique. Première partie : azoturie et chlorurie. 1883, 60 pag. 1,00

Scheuer. Traité des eaux de Spa. — Promenades et distractions. Vertus et mode d'emploi des eaux et des bains. Hygiène des malades. Indications et conduite du traitement. 2e édit., revue et considérablement augmentée. 1881, in-12, VI-328 p. et grav. 4,00

Scheuer. Un chapitre de chirurgie conservatrice pour le traitement des fractures compliquées et d'autres lésions graves des membres inférieurs. 1878, in-8° avec 3 gravures. 3,00

Stappaerts. Examen du système de S. Hahnemann. Le spiritualisme et le matérialisme en médecine. 1881, in-8°. 4,00

Stiénon. Étude sur la structure du névrome (extrait des *Annales de l'Université de Bruxelles*). In-8°, 24 pages avec 2 pl. 1,00

— Action physiologique de la quinine sur la circulation du sang, expériences faites au laboratoire de physiologie de l'Université de Bruxelles. In-8° de LVIII-99 pages et 13 planches. 4,00

Stiénon. Recherches sur la structure des ganglions spinaux chez les vertébrés supérieurs. 1880, in-8° avec fig. et pl. 2,00

Thiriar. De la pleurésie purulente chez les enfants, considérée surtout au point de vue de son traitement par la thoracentèse et les injections iodées, après anesthésie par le chloral. In-8°, 87 pages. 2,00

— De l'ovariotomie antiseptique considérée surtout au point de vue du traitement du pédicule et de la plaie abdominale, ainsi que de l'étude physiologique et pathologique des accidents dus aux lésions nerveuses. 1882, in-8°, 300 pages. 6,00

— Étude sur le traitement des plaies des arcades palmaires. 1881, in-8°. 2,00

Tirifahy. Kystes ovariques multiloculaires, ovariotomie antiseptique, suture péritonéale indépendante, refoulement du pédicule dans l'abdomen. 1882, in-8°. 2,50

De Troeltsch. Anatomie de l'oreille appliquée à la pratique et à l'étude des maladies de l'organe auditif. 1862, in-12, 172 p. 2,50

Van Lair. Sur un cas d'herpès tonsurans. 1871, in-8°, 16 pages 1,00

— Spring. Sa vie et ses travaux. 1872, in-8°, 87 p. et portr. 2,50

— Recherches anatomiques sur l'éléphantiasis des Arabes. 1871, in-8°, 45 pages et 3 planches. 2,00

— Les névralgies, leurs formes et leur traitement. 2e édition, entièrement refondue et considérablement augmentée. 1882, grand in-8°, 350 pages. 8,00

Van Lair et **Masius.** De la microcythémie. 1871, in-8°, 101 pages. 2,00

Van den Corput. Le podophyllum et la podophylline. In-8°. 0,50

— Des eaux minérales naturelles et de leur analyse. Mémoire couronné par la Société des sciences médicales et naturelles de Bruxelles. In-8°. 3,00

— Des fécules et des substances propres à les remplacer au point de vue de l'alimentation et des applications techniques. — Rapport présenté à M. le Ministre de l'Intérieur, au nom de la commission du concours institué par arrêté royal du 25 octobre 1855, 1 vol. in-4°. 3,00

— Considérations sur l'étiologie du cancer et sur sa prophylaxie. In-8°. 1,00

Van den Corput. Histoire naturelle et médicale de la trichine. Recherches sur l'ancienneté de la maladie produite par cet entozoaire; symptômes, diagnostic et traitement de la trichinose; mesures pour prévenir son développement. 1866, in-8°, 42 p. avec grav.   2,00

— Aperçu de matière médicale et de thérapeutique brésiliennes. 1865, in-8°, 55 pages.   2,00

Vindevogel. Guide du poitrinaire ou méthode à suivre pour prévenir et guérir les maladies du sang et de la poitrine ainsi que la débilité constitutionnelle. 1881, in-32, 40 pages.   0,50

Warlomont. Quelques mots sur un nouveau cas de chromhydrose palpébrale. 1864, in-8°, 80 pages.   2,00

— Louise Lateau. Rapport médical sur la stigmatisée de Bois-d'Haine. 1875, in-8°, 195 pages.   4,00

— La fève de Calabar, ses propriétés physiologiques et son application à la thérapeutique oculaire. 1863, in-8°, 36 pages. 1,00

— Compte-rendu du Congrès périodique international d'ophthalmologie, 2e session. 1863, in-8°, 252 pages et portraits.   12,50

— Louise Lateau devant l'Académie royale de médecine de Belgique. 1875, in-8°, 260 pages.   4,00

— De l'admission des médecins étrangers à exercer l'art de guérir en Belgique. 1879, in-8°.   0,75

— De la valeur du diplôme de médecin allemand, délivré par les jurys spéciaux de l'Allemagne du nord à la suite de l'examen d'État (Staats-Prufung). 1880, in-8°.   0,50

— Traité de la vaccine et de la vaccination humaine et animale. 1883, in-8°, 384 pages et 1 planche.   7,00

— La vaccine et la vaccination obligatoire à l'Académie royale de médecine de Belgique. 1881, in-8°, 92 pages.   3,00

Warlomont, Duwez et Verriest. Compte-rendu du Congrès périodique international des sciences médicales, 4e session. 1875, in-8°, ccxviii-814 pages.   15,00

Wasseige. Des opérations obstétricales. Cours professé à l'Université de Liége. 1881, in-8° avec fig., cart., 2e tirage.   10,00

Publications faites par l'Académie royale de médecine de Belgique.

Mémoires (des membres et partie historique concernant la Compagnie); tomes I à IV et 1er fasc. du t. V, vol. in-4°. Prix : 10 fr. le vol.

Mémoires des concours et des savants étrangers; tomes I à VII et 1er fasc. du t. VIII, vol. in-4º. Prix : 10 fr. le vol.

Mémoires couronnés, etc.; tomes I à VI et fasc. 1 à 3 du t. VII, vol. in-8º. Prix : 6 fr. le vol.

Exposés des travaux de l'Académie (1841-1866); volume in-8º.   5,00

Bulletin, 1re sér., tomes I à XVI (1841-1857); vol. in-8º.   6,00
— 2e série, tomes I à IX (1857-1866); vol. in-8º.   6,00
— 3e série, tomes I à XVII (1867-1882); vol. in-8º. Prix : 10 fr. le vol.

PUBLICATIONS PÉRIODIQUES.

Annales de l'Université de Bruxelles. (Faculté de médecine.) Tome I, II, III et IV. Grand in-8º avec planches et gravures dans le texte. Chaque vol. se vend séparément.   10,00

Annales de la Société belge de microscopie. Tomes I à VII. Chaque volume.   8,00
Procès-verbaux mensuels. Chaque fascicule.   0,50

Archives médicales belges, organe du corps sanitaire de l'armée. Paraissant chaque mois par livraison de 80 pages. Prix de l'abonnement annuel.   10,00

Art médical (l'). Intérêts sociaux, scientifiques et professionnels. Le journal parait le 1er et le 3e dimanche de chaque mois. Le prix de l'abonnement est de 6 fr. par an, pour toute la Belgique.

Bibliographie de Belgique. Journal officiel de la librairie, paraissant le 1er et le 15 de chaque mois. Abonnement annuel pour la Belgique, 4 fr., pour l'étranger, le port en plus.

Le Caustique. — Revue mensuelle de chirurgie pratique. — Rédacteur, le Dr BOUGARD, avec la collaboration de chirurgiens, de chimistes et de micrographes. Un an, 3 francs.

Revue odontologique de Bruxelles. — Journal spécial de médecine, chirurgie et prothèse dentaires. — Rédacteur en chef : Dr A. QUINET. — Organe mensuel, publié par l'Institut odontologique de Bruxelles; 6 francs par an pour la Belgique.

Union médicale (l'). Journal des intérêts scientifiques et pratiques, moraux et professionnels du corps médical. Ce journal

paraît trois fois par semaine et forme, par année, deux beaux volumes in-8° de plus de 900 pages chacun.
Prix de l'abonnement pour la Belgique. 16,00

La Philosophie de l'avenir. Revue du socialisme rationnel, paraissant chaque mois, fondé par Frédéric Borde. Prix du numéro : 1 franc. Abonnement postal : un an, 12 fr.; six mois, 6 fr.; trois mois, 3 fr.

Colins. *Science sociale*, t. VIe. Le protestantisme religieux, politique et social. 5,00

— T. VIIe. Examen des philosophies de Descartes et de Bacon. 5,00

NOUVEAUTÉS.

Bardet (le Dr G.). — Traité élémentaire et pratique d'électricité médicale. Avec 235 fig. dans le texte. In-8°. 10-00

Carrier (le Dr A.). — Leçons cliniques sur l'épilepsie. In-8°. 3-50

Dujardin-Beaumetz (le Dr). — Leçons de clinique thérapeutique professées à l'hôpital Saint-Antoine, recueillies par le docteur Eug. Carpentier-Méricourt, et revues par l'auteur. Troisième série, 2e et 3e fasc. : Traitement des maladies générales et des fièvres. Avec fig. et 2 planches chromolithogr. Gr. in-8°. 10-00

La première série a été publiée en 1880. Prix de l'ouvrage complet en trois séries, - 48-00

Ellis (E.). — Manuel pratique des maladies de l'enfance. Trad. sur la 4e édit. anglaise et annoté par le dr L. Waquet. 5-00

Garnier (le Dr P. — Hygiène de la génération. Onanisme seul et à deux, sous toutes ses formes et leurs conséquences. In-12. 3-50

Godin (le Dr P.) et H. **Barberet.** — Notes de thérapeutique et de matière médicale. In-12. 3-50

Gowers (W. R.). — De l'épilepsie et autres maladies convulsives chroniques. Traduit de l'anglais par le docteur Albert Carrier. Gr. in-8°. 10-00

Guardia (J. M.). — Histoire de la médecine, d'Hippocrate à Broussais et ses successeurs. In-12. Cart. 7-00

Husson (C.). — Études sur les épices ; leur histoire, leur utilité et leur danger. Avec 5 pl. In-8°. 15-00

Leven (M.). — Estomac et cerveau. Étude physiologique, clinique et thérapeutique. In-8°. 3-50

Millet-Robinet (Mme) et le Dr E. **Allix.** — Le livre des jeunes mères ; la nourrice et le nourrisson. Avec 48 fig. In-12. 3-75

Norstrom (le Dr G.). — Traité théorique et pratique du massage (méthode de Mezger en particulier). In-8°. 7-00

Picot (J. J.). — Leçons de clinique médicale. Avec des figures intercalées dans le texte. In-8°. 9-00

Reclus (le Dr Paul). — Clinique et critique chirurgicales. Gr. in-8°. 10-00

Rilliet (F.). — Traité clinique et pratique des maladies des enfants. 3e édition, entièrement refondue et considérablement augmentée par E. Barthez et A. Sanné. T. Ier. Gr. in-8°. 16-00

Rochard (le D^r). — Les eaux minérales dans les affections chirurgicales. In-16. Cart. 5-00

Vigouroux (H.). — Hygiène et médecine des familles. Tablettes du docteur. 2e série. In-12. 3-50

Annuaire de l'observatoire de Montsouris pour l'an 1884. Météorologie. Agriculture. Hygiène. In-18. 2-00

Annuaire pour l'an 1884, publié par le Bureau des longitudes. In-18. 1-50

Béclard (J.). — Traité élémentaire de physiologie. 7e édition entièrement refondue. 2e partie : fonctions de relation, fonctions de reproduction. Gr. in-8°. 13-00

Brehm (A. E.). — Merveilles de la nature. Les insectes. Les myriapodes. Les arachnides. Édition française par J. Künckel d'Herculais. Tome II. Gr. in-8°. 11-00

Claus (C.). — Traité de zoologie. 2e édition française, traduite de l'allemand sur la 4e édition, entièrement refondue et considérablement augmentée par G. Moquin-Tandon. Avec 1192 fig. Gr. in-8°. 32-00